Dokumentenorientierte Datenbanken

Bedeutung dieses neuen Typs von Datenbanken

Bibliografische Information der Deutschen Nationalbibliothek:

Die Deutsche Nationalbibliothek verzeichnet diese Publikation in der Deutschen Nationalbibliografie; detaillierte bibliografische Daten sind im Internet über http://dnb.d-nb.de abrufbar.

ISBN: 9783346884961
Dieses Buch ist auch als E-Book erhältlich.

Das Buch bei GRIN: https://www.grin.com/document/1362523

Assignment

Dokumentenorientierte Datenbanken

„Bedeutung dieses neuen Typs von Datenbanken"

Softwareengineering –Bachelor of Engineering

Inhaltsverzeichnis

Abbildungsverzeichnis

Tabellenverzeichnis

1 Einleitung

In der heutigen Zeit und mit der immer weiter voranschreitenden Entwicklung des Internets gewinnen Informationen und die damit verbundenen Daten immer mehr an Bedeutung und Größe. Gleichzeitig steigt, dank der Möglichkeit der Individualisierung, auch die Vielschichtigkeit der einzelnen Daten. Diese Entwicklung bedarf einer Veränderung der relationalen Ansätze, welche lange Zeit hauptsächlich für die Datenspeicherung verwendet wurden. Die hierfür hinzugezogenen Ansätze, sogenannte nicht relationale Datenbanken, gab es bereits vor der Entdeckung des relationalen Modells durch Ted Codd in Form von hierarchischen oder netzwerkartigen Datenbanken. Weitere Datenbanktypen werden bspw. für die Speicherung von CAD-Daten verwendet, da sich die Verarbeitung von technischen Objekten in Echtzeit als problematisch herausstellte.[1]

1.1 Relevanz und Problemstellung

Wie in der Einleitung bereits beschrieben, verdankt die Entwicklung der nicht relationalen Datenbanken nicht nur der steigenden Anzahl an Datenmengen seinen Aufschwung. Besonders die Vielschichtigkeit sowie die unterschiedlichen Anforderungen an die Datenbankmanagement-systeme wie bspw. horizontale Skalierung oder performante Analysen der Datensätze sind Gründe für die Entwicklung.

In der vorliegenden Arbeit soll die Thematik, der nicht relationalen Datenbanken erläutert werden. Es soll dabei genauer auf den dokumentenorientieren Typ sowie die beiden populären Vertreter MongoDB und CouchDB eingegangen werden.

1.2 Ziel und Aufbau der Arbeit

Das Ziel der Arbeit ist es, den dokumentenorientierten Datenbanktyp vorzustellen und seine Bedeutung hervorzuheben. Hierfür gliedert sich die Arbeit inhaltlich in drei Kapitel. Beginnend mit dem 2. Kapitel soll eine kurze Definition gefolgt von wichtigen theoretischen Ansätzen den Einstieg in die Thematik ermöglichen und die Grundlagen klären. Kapitel 3 bezieht sich auf die Entstehung sowie verschiedene Anwendungsfälle. Abschließend erfolgt eine tabellarische Auf-

---

[1] Vgl. Kaufmann, Meier, 2016, S.18

stellung der Vor- und Nachteile sowie eine kurze Skizzierung der beiden Vertretern CouchDB und MongoDB. Zum Schluss sollen die Ergebnisse in Kapitel 4 zusammengefasst und die Arbeit kritisch reflektiert werden.

2 Theoretische Grundlagen zu dokumentorientierten Datenbanken

In diesem Kapitel soll der Begriff der dokumentenorientierten Datenbanken sowie weitere relevante Ansätze wie das CAP-Theorem, REST und dem Map-/Reduce Verfahren erklärt werden. Hierfür muss zunächst eine Erläuterung des Begriffs NoSQL erfolgen. Anschließend wird mit dessen grober Beschreibung und dem Schlagwort Big Data ein wichtiger Faktor der Entstehung des dokumentenorientierten Typs eingeleitet.

2.1 NoSQL

Der Begriff NoSQL wird auf unkonventioneller Weise durch das definiert, was er nicht ist. Dazu zählt die Speicherung der Daten, welche nicht in Tabellenform erfolgt, sowie eine Datenbanksprache, welche nicht SQL ist.[2] Weitere Eigenschaften, welche eine NoSQL-Datenbank aufweist, sind:

- Ausrichtung auf verteilte und horizontale Skalierbarkeit
- Schwache oder keine Schema-Restriktion
- Einfache Datenreplikation
- Einfacher Zugriff über eine Programmierschnittstelle
- Anderes Konsistenzmodell als ACID[3]

Als Kerntechnologien oder auch *Core-NoSQL-Modelle* im Bereich NoSQL werden folgende Typen gelistet:

- Schlüssel-Wert-Datenbanken
- Spaltenfamilien-Datenbanken
- Dokument-Datenbanken
- Graphdatenbanken

---

[2] Vgl. Kaufmann, Meier, 2016, S.18
[3] Vgl. Kaufmann, Meier, 2016, S.222

Die Definition von dokumentenorientierten Datenbanken stützt sich im Wesentlichen auf die signifikante Schemafreiheit sowie die Möglichkeit zur Speicherung von strukturierten Daten in Datensätzen. Diese werden Dokumente genannt und verleihen diesem Datenbankentyp seinen Namen.[4]

2.2 Big Data

Datenbestände, welche mit herkömmlichen Softwarewerkzeugen kaum mehr zu bewältigen sind, werden mit dem Schlagwort Big Data bezeichnet. Es handelt sich hierbei meist um unstrukturierte Daten aus unterschiedlichsten Quellen.[5] Diese Daten werden mit speziellen Lösungen gespeichert, verarbeitet und ausgewertet.[6] Das Ziel für viele Organisationen und Unternehmen ist es, aus dem vielfältigen Informationskapital einen besseren Einblick und eine bessere Grundlage für Entscheidungsfindungen zu gewinnen.

Der Begriff Big Data wird von vielen Datenspezialisten mit drei V's beschrieben. Diese V's sollen nachfolgend erläutert werden, da besonders diese Spezifikationen mit der NoSQL Entwicklung in Relation stehen.

Volume – Beschreibt umfangreiche Datenbestände. (I.d.R. Tera- bis Zettabytebereich)

Variety – Beschreibt die Vielfalt der Datenformate, ob strukturiert, semi-strukturiert oder unstrukturiert.

Velocity – Beschreibt die hohe Verarbeitungsgeschwindigkeit, meist in Echtzeit.

2.3 CAP-Theorem

Das CAP-Theorem beschreibt eine Eigenheit von verteilten Datenbanksystemen. Hierbei geht es um die drei Eigenschaften Konsistenz (engl. Consistency), Verfügbarkeit (engl. Availability) und Partitionstoleranz (engl. Partition tolerance). Im Kontext der Datenbanken beschreibt die Konsistenz ein verteiltes System, welches zu jedem Zeitpunkt an allen Knoten die gleichen Daten hält. Die Verfügbarkeit misst sich an der Beantwortung aller Anfragen an das System. Partitionstoleranz beschreibt, ob das System bei der Unterbrechung der Kommunikation mit einem

---

[4] Vgl. Kaufmann, Meier, 2016, S228 ff.
[5] Vgl. Kaufmann, Meier, 2016, S.11
[6] Vgl. Bendel, Big Data, Gabler Wirtschaftslexikon

Teil der Knoten noch funktionstüchtig bleibt.[7] Dem Lehrsatz zufolge ist es nicht möglich alle drei Eigenschaften in einem Datenbanksystem vollständig zu vereinigen.

2.4 REST

Die Abkürzung REST steht für Representational State Transfer und beschreibt damit ein Entwurfsmuster, welches von Roy Thomas Fielding in seiner Dissertation „Architectural Styles and the Design of Network-based Software Architectures" parallel zu HTTP 1.1 entwickelt und vorgestellt wurde.[8] Im Nachfolgenden soll REST im Zusammenhang mit dem Protokoll HTTP erläutert werden. Es gibt zwar auch Systeme, welche ohne dieses Protokoll realisierbar wären, jedoch bietet HTTP hier die beste Unterstützung für die Implementierung des Ansatzes.[9] REST liegen sechs Prinzipien zugrunde[10]:

- Unterschiedliche Repräsentationen
- Verknüpfung
- Statuslose Kommunikation
- Ressourcenorientierung
- Adressierbarkeit
- Einheitlicher Zugriff auf Ressourcen

Unter der unterschiedlichen Repräsentation versteht man, dass die Ressourcen bspw. als XML-, HTML oder JSON-Format angefordert werden können.

Durch die Verknüpfung kann ein Client in einen neuen Zustand versetzt werden. Dabei teilt ein Hyperlink in einer Repräsentation mit, welche Aktion er als nächstes ausführen kann. Die Verwendung des Hyperlinks kann dann wiederum eine weitere Repräsentation einer anderen Ressource zurückgeben.

Die statuslose Kommunikation zielt auf die Entkopplung des Clients vom Server ab. Es existiert somit keine Benutzersitzung in Form von Cookies oder Sessions. Jede Anfrage enthält alle notwendigen Informationen. Hierbei wird die serverseitige Komplexität deutlich verringert, da der Zustand eines Clients von ihm selbst gehandhabt werden muss.

---

[7] Vgl. DB-Engines, CAP Theorem, Internetquelle
[8] Vgl. Srocke, Was ist eine REST API?, Internetquelle
[9] Vgl. Brauer et al., 2011, S.51
[10] Vgl. Abts, 2019, S.259 ff.

Die Ressourcenorientierung beschreibt, dass jede Client Anfrage auf eine Ressource, welche für eine Informationseinheit wie bspw. ein Textdokument oder Bild, bezogen ist.

Unter der Adressierbarkeit versteht man, dass jede Ressource über einen eindeutigen Identifikator verfügt. (URI – engl. *Uniform Resource Identifier*)

Der einheitliche Zugriff auf Ressourcen beschreibt einen Satz von Standardmethoden, welche auf die Ressourcen angewandt werden können. Im Folgenden sollen nur die gebräuchlichsten Methoden vorgestellt werden.

GET – Lesende Abfrage der Repräsentation einer Ressource.

POST – Kann eine Ressource im Server anlegen oder eine Verarbeitung auf dem Server anstoßen.

PUT – Verändert unter der Angabe einer bereits bekannten URI eine Ressource. Kann auch zum Erstellen verwendet werden.

DELETE – Löscht eine Ressource.

HEAD – Lesende Abfrage bezüglich der Metadaten einer Ressource (bspw. Existenzprüfung).

OPTIONS – Liefert Informationen über das Repräsentationsformat oder die unterstützten Methoden bezüglich einer Ressource.

2.5 Map/Reduce

Aus dem vorherigen Kapitel Big Data ist nun die Betrachtung des V's – Volume äußerst ausschlaggebend. Die Datenmengen wachsen immer weiter an und die damit verbundene Verarbeitung und Analyse wird immer langsamer. Um hier eine geeignete Lösung zu finden, wurden neue alternative Algorithmen, Frameworks und Datenbankmanagementsysteme entwickelt. Als effizienter Ansatz zeichnet sich hierbei die Parallelisierung von Berechnungen aus. Google Inc. entwickelte hierfür 2004 das Map/Reduce Framework.[11] Als Suchmaschine im Webbereich ist dieser Ansatz besonders attraktiv, da Webseiten effizienter bzw. in Echtzeit auf Schlagworte durchsucht werden können. In der folgenden Abbildung ist dieses Verfahren anhand vier Beispielsätze abgebildet. Bevor dies näher erläutert wird, soll hervorgehoben werden, dass dieses Framework normalerweise im Bereich von Terabyte und aufwärts seinen Anwendungsbereich hat. Hierbei kann die Auslagerung der einzelnen Aufgaben auf verteilte Computerknoten seine Effizienz entfalten.

---

[11] Vgl. Brauer et al., 2011, S.12

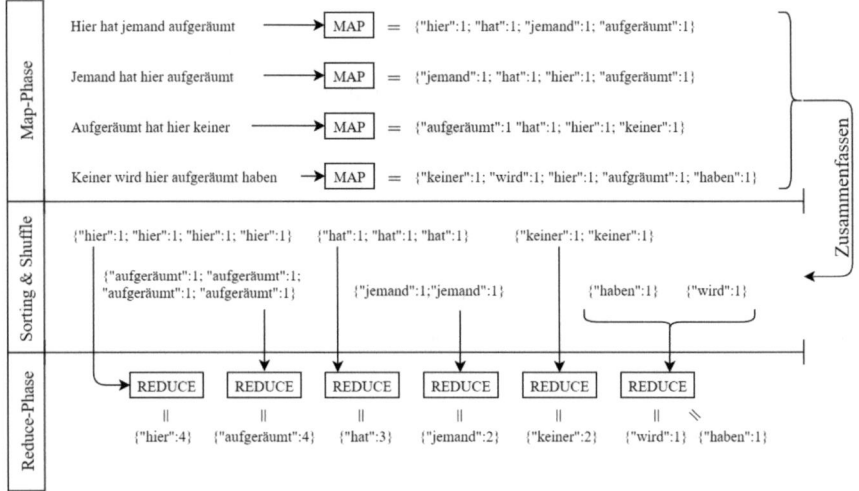

Abbildung 1: Map/Reduce Verfahren

Das Map/Reduce Verfahren, welches in der Abbildung beschrieben wird, soll anhand von vier Texten, welche im weiteren Verlauf als Dokumente beschrieben werden und als Beispiel für größere Datenmengen stehen, erläutert werden. In der ersten Phase werden die Eingaben gleichmäßig an Mapper verteilt. Die Aufgabe dieser Komponenten ist es, die Dokumente mittels bereitgestellter Funktion parallel zu verarbeiten. In der Abbildung entsteht hierbei als Zwischenergebnis eine Sammlung an Schlüssel-Werte Paaren. Hierbei besteht der Schlüssel aus dem Wort und der Wert beinhält die Anzahl der Begriffe im gesamten Dokument. Anschließend erfolgt die Zwischenphase *Sorting & Shuffle*, welche die Ergebnisse zusammenfasst und sortiert. Der Shuffle Begriff bezieht sich in dieser Phase auf das gleichmäßige Verteilen der Ergebnisse an die Reduce Komponenten. In der Reduce Phase werden nun wieder parallel die Eingaben mittels bereitgestellter Funktion verarbeitet und abgespeichert. Es entsteht eine Auflistung der vorkommenden Wörter mit der Angabe über die Häufigkeit im Dokument. Das vorliegende Beispiel würde sich gut für eine Stichwortsuche auf einer Website, welche repräsentativ für das Dokument steht, eignen.

6

3 Entstehung und Anwendungsfelder der dokumentenorientierten Datenbanken

Der Hintergrund für die Entstehung der dokumentenorientierten Datenbanken geht besonders mit der Entwicklung des Internets und dessen Anforderungen an das Verarbeiten und Speichern von Daten einher. Ebenfalls fällt hierbei die bereits beschriebene Thematik Big Data ins Gewicht. Nachfolgend soll der Hintergrund, welcher für das Entstehen dieses Datenbanktyps verantwortlich ist, mit drei beispielhaften Anwendungsfällen beschrieben werden. Anschließend sollen die Vor- und Nachteile des Datenbanktyps sowie zwei populäre Vertreter vorgestellt werden.

3.1 Datenstruktur

Im Bereich des Content-Managements oder des Online-Shops sind heterogene Entitäten der Normalfall. Für Kataloginformationen eines Online-Shops besitzen verschiedene Produkte i.d.R. eine unterschiedliche Anzahl und Ausprägung von Attributen. Die Verwaltung von Tausenden von Attributen in relationalen Datenbanken ist ineffizient und beeinträchtigt signifikant die Performance des Leseverhaltens. Im Gegensatz hierzu steht die Schemafreiheit von Dokumentendatenbanken. Bei ihnen ist es nicht nötig die innere Datenstruktur zu beschreiben, da sie meist im JSON-Format gespeichert werden und ihre eigene individuelle Struktur besitzen. Dies ermöglicht zudem, Eigenschaften von einzelnen Dokumenten zu verändern ohne unnötige Erweiterungen oder Veränderung anderer Datensätze.[12] In der Abbildung 2 ist eine Datenstruktur für zwei Produkte eines Online-Shops abgebildet. Sie besitzen zwar überwiegend

```
1   [
2     {
3       "productId": "0815-B",
4       "title": "NoSql - Deep dive",
5       "info": {
6         "author":"Nick Wahrenberger",
7         "releaseDate":"2021-11-30T00:00:00Z",
8         "rating":8.9,
9         "imageUrl": "https://techniq.learning/images/0815B",
10        "genres": ["computer science", "software engineering", "databases"]
11      }
12    },
13    {
14      "productId": "4430-T",
15      "title": "RaspberryPi",
16      "info": {
17        "rating":6.9,
18        "imageUrl": "https://techniq.technology/images/4430T",
19        "datasheetUrl": "https://techniq.technology/datasheets/4430T",
20        "genres": ["informatic", "technology"]
21      },
22      "comments":[
23        {
24          "author": "Max Mustermann",
25          "createdDate" :"2021-03-22T13:22:21Z",
26          "content": "Best device to start developing small projects"
27        }
28      ]
29    }
```

Abbildung 2: Produkte im JSON-Format

---

[12] Vgl. AWS, Was ist eine Dokumentdatenbank?, Internetquelle

gleiche Attribute, unterscheiden sich jedoch trotzdem bspw. in Zeile 6 *author* oder Zeile 19 *datasheetUrl*. In Zeile 10 und 20 sieht man einen weiteren Vorteil des JSON-Formats. Es ist möglich, eine variable Anzahl von Daten in einem Array als Werte eines Schlüssels einzutragen. Hierbei entfällt, wie bereits erwähnt, im Gegensatz zur relationalen Datenspeicherung die vorausgehende Festlegung auf eine bestimmte maximale Anzahl.

Hinzu kommt noch die Möglichkeit Kommentare bezüglich des Produkts direkt in der Dokumentenstruktur mit abzuspeichern, wie in Zeile 22 zu sehen ist. Dadurch ist keine aufwändige Pflege von Beziehungen nötig und sie sind unabhängig von weiteren Produkten. Sofern der Datensatz gelöscht wird, entfällt ebenfalls der Nutzen des Kommentars.

Zu erwähnen ist an der Stelle jedoch, dass dokumentenorientierte Speicherung von Daten einen höheren Aufwand bezüglich der Verarbeitung der Daten an die Anwendung stellt.[13]

3.2 Skalierbarkeit

Viele Web 2.0-Unternehmen waren unzufrieden mit der Möglichkeit der horizontalen Skalierung von relationalen Datenbanken. Durch das hohe Datenaufkommen und die Anfragen an den Datenbankserver im Internet, kann meist eine Maschine allein dieses Aufkommen nicht stemmen. Die Stärken der relationalen Datenbanken liegt durch das Transaktionskonzepts ACID in der vertikalen Skalierung. Bei der Verteilung oder der horizontalen Skalierung dieses Typs entsteht für die meisten Unternehmen eine zu große Latenzzeit. Abhilfe schafft hierbei ein anderes Transaktionskonzept, welches durch die NoSQL-Datenbanken realisiert wird. In einem Lasttest-Szenario zeigte sich die Stärke der dokumentenorientierten Datenbank MongoDB bei der horizontalen Skalierung. Mit ihm war es möglich eine Übertragungsbandbreite von 400Mbit/s ohne identifizierbare Lastobergrenze zu bedienen.[14]

3.3 Performance

Im Bereich IoT (engl. Internet of Things – Internet der Dinge) sind die Datenmengen eines einzelnen Geräts pro Speicherung, bspw. Temperatursensor o.ä., meist klein gehalten. Der Normalfall im Bereich IoT ist allerdings, dass eine ganze Infrastruktur an Geräten aufgebaut wird, was in einer großen Anzahl an Speicheranfragen an einen Server resultiert. Abhilfe kann hier die

---

[13] Vgl. Kaufmann, Meier, 2016, S.229
[14] Vgl. Bach et al., 2016, Internetquelle

8

dokumentenorientierte Datenbank schaffen. Sie ermöglicht zudem eine schnelle Analyse der Daten, was in diesem Anwendungsfall von hoher Bedeutung ist, um auf Anomalien oder kritische Ereignisse in Echtzeit zu reagieren.[15]

3.4 Vor- und Nachteile des Datenbanktyps

Da dokumentenbasierte Datenbanken nicht generell besser oder schlechter sind als andere Typen oder gar SQL-Datenbanken, sollen nachfolgend die Vor- und Nachteile dieses Datenbanktyps aufgezeigt werden. Hierbei wird ersichtlich, dass die verwendete Datenbank immer anhand eines speziellen Anwendungsfall ausgewählt werden muss und kein Typ auf jede Anforderung passt – ansonsten wäre die Vielzahl an Datenbanken auch nicht so groß (DB-Engines zählt in der Rangliste allein über 360 unterschiedliche Datenbanken[16])

Vorteile	Nachteile
Schemafreiheit	
Hohe Flexibilität der Struktur von Dokumenten	Höherer Aufwand an Logik in der Anwendung um Daten verarbeiten oder interpretieren zu können
Horizontale Skalierung	Keine Normalisierung
Performante Verarbeitung der Daten dank Map/Reduc-Verfahren	Komplexes Referenzieren zwischen Dokumenten
	Keine Joins
	Keine partiellen Updates
	Kein ACID-Transaktionskonzept

Tabelle 1: Vor- und Nachteile von dokumentenorientierten Datenbanken

3.5 Vertreter der dokumentenorientierten Datenbanken

Nachfolgend sollen die wesentlichen Eigenschaften der zwei dokumentenorientierten Datenbankvertreter CouchDB und MongoDB skizziert werden.

---

[15] Vgl. MongoDB, Use cases, Internetquelle
[16] Vgl. DB-Engines, DB-Engines Ranking, Internetquelle

3.5.1 CouchDB

Der Name der Datenbank steht für „Cluster of unreliable commodity hardware Data Base" und beschreibt damit, dass CouchDB damit rechnet, dass nicht immer und überall eine Netzwerkverbindung vorhanden ist und auch Fehler in verteilten Systemen auftreten können.[17]

Webadresse	https://couchdb.apache.org/
Kategorie	Dokumentendatenbank mit JSON-Format
Treiber	C, C#, ColdFusion, Erlang, Haskell, Java, JavaScript, Lisp, Lua, Objective-C, OCaml, Perl, PHP, PL/SQL, Python, Ruby, Smalltalk
Protokolle	RESTful HTTP/JSON API
Skalierung	Multi-Source Replikation Source-Replica Replikation
Implementierungssprache	Erlang
CAP-Theorem	AP
Concurrency	Optimistic locking
Lizenz	Apache Version 2
Aktuelle Version	3.2.0, Oktober 2021
DB-Engines Ranking	16,80 (Stand Nov. 2021)

Tabelle 2: CouchDB Eigenschaften

3.5.2 MongoDB

Der Name MongoDB leitet sich vom englischen *humongous* ab, was riesig bedeutet. Er wurde mit Hinblick auf die Speicherung von großen Datenmengen gewählt, für die MongoDB besonders geeignet ist.[18]

---

[17] Vgl. Brauer et al., 2011, S. 119
[18] Vgl. Kaufmann, Meier, 2016, S.132

Webadresse	https://www.mongodb.com
Kategorie	Dokumentendatenbank mit BSON-Format
Treiber (offiziell)	C, C#, C++, Erlang, Go, Haskell, Java, JavaScript, Perl, PHP, Python, Ruby, Rust, Scala, Swift
Treiber (inoffiziell)	Actionscript, Smalltalk, R, Prolog, MatLab, Lua, Lisp, PowerShell, Groovy, Delphi, Dart, D, ColdFusion, Clojure
Protokolle	Proprietäres Protokoll basierend auf JSON
Skalierung	Multi-Source deployments with MongoDB Atlas Global Clusters Source-Replica Replikation
Implementierungssprache	C++
CAP-Theorem	CP
Concurrency	Optimistic and pessimistic locking
Lizenz	Server Side Public License (SSPL) v1.0
Aktuelle Version	3.2.0, Oktober 2021
DB-Engines Ranking	487,35 (Stand Nov. 2021)

Tabelle 3: MongoDB Eigenschaften

Als letzte Charakteristik der Datenbanken wurde das DB-Engines Ranking hinzugezogen. Der Grund hierfür ist, dass dieser Wert ein Indikator bezüglich der Weiterentwicklung und dem Erfolg der Datenbank darstellt. Hierfür werden folgende Kategorien hinzugezogen und verrechnet:[19]

- Anzahl der Nennungen des Systems auf Websites
- Allgemeines Interesse an dem System
- Häufigkeit der technischen Diskussionen über das System
- Anzahl der Job-Angebote, in denen das System genannt wird
- Anzahl der Profile in professionellen Netzwerken, in denen das System angeführt wird
- Relevanz in sozialen Netzwerken

---

[19] Vgl. DB-Engines, Ranking Definition, Internetquelle

4   Zusammenfassung und Kritische Reflexion

Das Ziel der vorliegenden Arbeit war es, den dokumentenorientieren Datenbanktyp vorzustellen und seine Bedeutung hervorzuheben. Kapitel 2 deckt hierbei die Grundlagen zusammen mit weiteren wichtigen theoretischen Ansätzen ab. In Kapitel 3 wird auf die Gründe der Entstehung im Zusammenspiel mit verschiedenen Anwendungsfällen eingegangen. Als Zusammenfassung der Hintergründe bildet sich besonders signifikant der Bereich WEB ab. Viele der Anforderungen, die für die Entstehung dieses Datenbanktyps verantwortlich sind, entspringen der WEB Thematik.

Bei der Erstellung der Arbeit konnten im Kapitel 3 viele Erfahrungen aus dem Studium und der Arbeit einfließen. Im Bezug auf das bereits gewonnene Wissen im Studium konnte hierbei gut der erlernte Bereich SQL und NoSQL gegenübergestellt und die Unterschiede herausgearbeitet werden. Durch meine bereits gewonnene Erfahrung als Softwareentwickler wollte ich das DB-Engines Ranking hinzuziehen, welches als Charakteristik bei den beiden Datenbankvertretern aufgeführt wurde und dieser theoretischen Ausarbeitung einen Praxisbezug verleihen soll.

Vor Beginn der Ausarbeitung war meine Haltung gegenüber NoSQL Datenbanken noch sehr zurückhaltend, da ich weder die Tiefe der Thematik noch die Vielfalt an Eigenschaften eines Datenbankensystems greifen konnte. Mit der Einarbeitung in den Bereich NoSQL bzw. spezieller der dokumentenorientierten Datenbanken wurde auch die Vielfalt an unterschiedlichen Datenbanken klar, da es hierbei so viele Differenzierungsmerkmale gibt. Leider konnte dies, aufgrund des begrenzten Umfangs, nicht alles in der vorliegenden Arbeit aufgezeigt oder in der Tiefe beschrieben werden. Ebenfalls sehr interessant wäre die Ausarbeitung eines speziellen Anwendungsfalls, wie etwa einer Dokumentendatenbank im Zusammenspiel mit der Elasticsearch Technologie als Suchmaschine. Hierbei könnte die Stärke des Datenbanktyps anschaulich hervorgehoben werden.

Literaturverzeichnis

Abts, Dietmar: Masterkurs Client/Server-Programmierung mit Java *Anwendungen entwickeln mit Standard-Technologien*, 5. Auflage, Wiesbaden, 2019

Bach, Christoph, **Kundisch**, Dennis, **Neumann**, Jürgen, **Schlangenotto**, Darius, **Whittaker**, Michael: Dokumentenorientierte NoSQL-Datenbanken in skalierbaren Webanwendungen, in: Springer Link, 2016, https://link-springer-com.gw.akad-d.de/article/10.1365/s40702-016-0229-6 (Zugriff am 2.12.2021)

Bendel, Oliver: Big Data, in: Gabler Wirtschaftslexikon. 2021, https://wirtschaftslexikon.gabler.de/definition/big-data-54101/version-384381 (Zugriff am 28.12.2021)

Brauer, Benjamin, **Brückner**, Markus, **Edlich**, Stefan, **Friedland**, Achim, **Hampe**, Jens: NoSQL *Einstieg in die Welt nichtrelationaler Web 2.0 Datenbanken*, 2., aktualisierte und erweiterte Auflage, München, 2011

DB-Engines: CAP Theorem, https://db-engines.com/de/article/CAP+Theorem (Zugriff am 27.11.2021)

DB-Engines: Ranking Definition, https://db-engines.com/de/ranking_definition (Zugriff am 11.12.2021)

DB-Engines: DB-Engines Ranking, https://db-engines.com/de/ranking (Zugriff am 23.12.2021)

Kaufmann, Michael, **Meier**, Andreas: SQL- & NoSQL-Datenbanken, 8., überarbeitete und erweiterte Auflage, Berlin, Heidelberg, 2016

MongoDB: Use cases, https://www.mongodb.com/use-cases/internet-of-things (Zugriff am 2.12.2021)

Srocke, Dirk: Was ist eine REST API?, in: Cloudcomputing insider, 2017, https://www.cloudcomputing-insider.de/was-ist-eine-rest-api-a-611116/ (Zugriff am 24.11.2021)